Secretos de Expertos – Psicología Oscura

La Guía Definitiva de Métodos Probados para el Lenguaje Corporal, Influencia Emocional, Manipulación, Control Mental, PNL, Persuasión, Lectura Rápida y Defensa del Abuso Narcisista.

Terry Lindberg

Tabla de Contenido

¿Quién es Terry Lindberg?

Hola, y gracias por comprar una copia de la " Secretos de Expertos – Serie de Autoayuda ".

Para todos los que no me conocen, mí nombre es Terry Lindberg, un Psicólogo galardonado y Autor de Secretos de Expertos – Serie de Autoayuda. He dedicado más de 30 años de toda mí vida a innovar en el campo de la psicología y la autoayuda para mejorar mí vida y la de otras 1.000 personas en todo el mundo, desde los mejores CEO en su área hasta los mejores atletas, e incluso personas comunes.

Lo único que puedo decir sobre todas las personas con las que he trabajado es que ven cambios dramáticos en sus vidas siguiendo mis enseñanzas. Mis enseñanzas les ayudan a superar las barreras que nunca pensaron que podrían superar. En la mayoría de los casos, ocurre el mismo resultado; son testigos de un interruptor que se dispara en su mente, mostrándoles que el cerebro humano es mucho más poderoso de lo que podrían imaginarse.

A lo largo de los más de 30 años de mi vida estudiando en el campo de la psicología y la autoayuda, he adquirido sabiduría y experiencias únicas de las personas con las que he trabajado y entrevistado. La gran cantidad de conocimiento que he adquirido es todo lo que les pasaré en este libro.

Esta guía no es como cualquier otro libro de autoayuda, ya que para ser honesto, el 99% de los libros de autoayuda en el mercado ni siquiera están hechos por alguien dentro del campo. Se asociaron con un escritor fantasma para producir el contenido del libro, luego lo empaquetaron y comercializaron como si hubiera sido creado por alguien que tiene experiencia en ese tema.

La información que compartiré con usted tiene una prueba de concepto y en realidad lo ayudará en cualquier momento en el que se encuentre en su viaje.

¿Alguna vez has oído hablar de la teoría "La Pepita de Oro" al leer un libro? Esta teoría significa que un libro completo podría ser irrelevante para el tema, pero aún así podría haber una "pepita de oro" de información que podría cambiar la vida.

Debido a esta teoría, quiero que estés preparado y asegúrate de de que durante todo este libro tenga toda tu atención. Por cierto, si no se dio cuenta de que la oración anterior decía "de" dé vuelta atrás, no está prestando suficiente atención.

Deja todo lo que estás haciendo, enfócate y prepárate para tomar notas. Puede estar a sólo una frase de cambiar su vida para siempre.

Si aprende o le gusta algo sobre el contenido cuando haya terminado, lo ha consumido. Siempre se agradece una crítica honesta por ayudarme a hacer un mejor contenido en el futuro.

Ahora comencemos ...

Introducción

En algún momento, es posible que te hayas encontrado con la "Psicología Oscura" y hayas reflexionado sobre los misterios que siguen a este concepto. Dentro de la Psicología Oscura, muchas construcciones diferentes conducen a diferentes rasgos y técnicas de personalidad, así como formas de reducir o evitar la victimización de las personas que lo usan. Este libro te hará más consciente de lo que es la Psicología Oscura y de lo que puede hacer. Te enseñaré cómo detectar estas prácticas y cómo usarlas para tu ventaja, independientemente de tu nivel de habilidad. Le mostraré muchas estrategias y enseñanzas para principiantes y de alto nivel, asegurando que se vaya después de leer o escuchar este libro con un conocimiento mejorado sobre la implementación y detección de la Psicología Oscura utilizada en varios escenarios.

Mi nombre es Terry Lindberg, y soy un galardonado autor de autoayuda y psicólogo. He dedicado más de 30 años de toda mi vida a innovar en el campo de la psicología y mejorar mi vida y la vida de innumerables personas en todo el mundo, desde CEOs de alto rango hasta los atletas más talentosos e incluso tu vecino de al lado. Quiero mostrarle que con un poco de entrenamiento de la persona adecuada, puede transformar su capacidad de detectar la Psicología Oscura y usarla para mejorar su calidad de vida.

Aprender sobre la Psicología Oscura lo ayudará a reducir las posibilidades de victimización y le permitirá servirle en cualquier situación a partir de ahora. Una vez que mejore su conocimiento, sepa cómo aplicarlo y vea la Psicología Oscura por lo que es, ya no será preso de la manipulación personal o profesional. Aprenderá las técnicas que los practicantes de la Psicología Oscura han usado durante años para persuadir a otros para que logren sus objetivos en el mejor momento. La gente está dispuesta a pagar pequeñas fortunas, mucho más que el precio promedio de este libro, para aprender exactamente las mismas enseñanzas que comparto en estas páginas. Te llevaré a un nivel que disminuya las posibilidades de sucumbir a un artista oscuro y cómo implementar estas tácticas sin ser notado, sin dejar de ser efectivo. Con mi ayuda y experiencia, estarás totalmente equipado con las habilidades y el conocimiento que necesitas para ser realmente poderoso.

¿Has oído el proverbio "Homo Homini Lupus"? La traducción literal es "el hombre es el lobo del hombre", escrito por el filósofo Plauto (254-184 aC). Hace referencia a situaciones en las que las personas actúan de manera similar a las criaturas en la naturaleza. Y en este contexto, es cierto, sin un mecanismo de defensa o estar mal preparado puede convertirse en la presa desprevenida de otro depredador. Por lo tanto, debe comprender el concepto aquí y las formas de detectar cuándo se utilizan algunas de estas técnicas en usted o para poder usarlas usted mismo, como leer el lenguaje corporal o detectar manipulaciones. Y pregúntate a ti mismo, ¿estás seguro de que no estás siendo presionado o hecho víctima? Las estrategias y la enseñanza que está a punto de aprender han demostrado una y otra vez que producen resultados rápidos y efectivos.

Cada capitulo le proporcionará pasos prácticos que lo ayudarán a mejorar su conocimiento de la Psicologia Oscura. Si sigues mi entrenamiento, puedes estar tranquilo sabiendo que no seras víctima de manipulaciones o victimizaciones, y esto finalmente te llevará a un punto más alto de control personal y logro.

El Primer Paso en la Oscuridad

Entrar en la oscuridad de la psique humana, al contrario de lo que dice, te iluminará a ti mismo y a las personas que te rodean. La psicología oscura está presente en todos nosotros, y se confunde fácilmente con otra parte del espectro psicológico. Desempeña un papel muy importante en cómo nos comportamos y cómo tiene lugar nuestro proceso en torno al pensamiento y la acción. Este es el continuo oscuro en el que nos movemos, y los grados varían según cada individuo y hasta qué punto eligen profundizar en ese espectro.

Todo esto se explicará en detalle cuanto más avance en este libro. Pronto podrás reconocer los signos de un individuo que se mueve hacia ese espectro y hacia lo que se conoce como la Singularidad Oscura.

Los rasgos de personalidad aquí tienen aspectos similares y se reducen a acciones que se toman sin propósito y son de naturaleza viciosa. Esta guía lo ayudará a detectar a estas personalidades con anticipación y a tomar medidas para evitar convertirse en la próxima víctima. Sin embargo, puede obtener mucho éxito al aprender a aplicar las técnicas asociadas con la Psicología Oscura. Muchas personas influyentes de negocios usan estas técnicas; por ejemplo, Steve Jobs lo empleó en sus negocios para persuadir a socios y empleados de que lo siguieran en viajes financieros arriesgados y finalmente rentables.

Esta guía le brindará a usted, el lector, el conocimiento y las habilidades para usar las mismas técnicas y ayudarlo con futuras empresas tanto en su vida privada como en su vida personal. Siempre tienes la opción de convertirte o no en depredador o presa; Sólo necesitas las herramientas adecuadas.

Capítulo1: Dando la Vuelta a la Psicología Oscura

La Psicología Oscura sigue la construcción de la condición humana y la naturaleza de una persona para aprovecharse de la otra sin un propósito. Todos los humanos experimentan breves ocurrencias de estos impulsos psicóticos y tienen la capacidad de aterrorizar a cualquier ser vivo. Afortunadamente, la moralidad interviene, y pocos eligen actuar de acuerdo con estos deseos. La Psicología Oscura busca comprender la naturaleza detrás de estas tendencias desviadas y a veces criminales, así como las emociones, pensamientos y puntos de vista que conducen a un comportamiento de depredador. A veces tenemos ideas sobre tratar mal a otra persona o lastimarla sin piedad o compasión. Estos pensamientos e impulsos existen incluso en su mente, ya sea que se dé cuenta o no, y solo hay un pequeño número de individuos que optan por ir hacia el espacio más oscuro de sus pensamientos. La Psicología Oscura está en su lugar para decirnos que estos actos depredadores no tienen un propósito y no tienen un objetivo. A decir verdad, la mayoría de los comportamientos humanos vinculados a acciones malignas, no carece de propósito, sin embargo, la intención no es clara. Esto se debe a que nuestro lóbulo frontal nos ha convertido en criaturas superiores, y el poder del pensamiento nos ha permitido poseer la brutalidad máxima.

Singularidad Oscura y el Continuo Oscuro

La Psicología Oscura se define como un potencial entre todos nosotros para ejercer acciones violentas y maliciosas. Todo comportamiento humano agresivo, actos disfuncionales y hostiles, cae en un continuo de intencionalidad que Michael Nuccitelli define como "el Continuo Oscuro". La Singularidad Oscura se refiere al área del mal que el depredador intenta cerrar sin alcanzar el pináculo de la oscuridad dentro de dicha singularidad.

Aunque a muchas personas les fascina el tema de los psicópatas y los asesinos en serie, la mayoría de los llamados depredadores que se aprovechan de los humanos no participan en el acto de asesinato o desviación sexual. Se estima que el 70% de los depredadores humanos victimizan a otros sin la participación de asalto, donde el 30% restante se considera amenazante mientras buscan contacto humano físico. Estos comportamientos se encuentran en algún lugar dentro del Continuo Oscuro, y la mayoría de ellos se clasifican como pensamientos sutiles, breves o pequeñas deficiencias. El hecho es que la Psicología Oscura es omnipresente, y todos han tenido la idea o, al menos, la expresión de la violencia o el sueño depredador. Afortunadamente para nosotros como sociedad, la mayoría de los humanos tiene una ecuación de Factor Oscuro baja, en comparación con la de un individuo depredador.

El lugar dentro de la condición humana que posee el potencial para estos pensamientos se conoce como El Factor Oscuro. Este es uno de los términos más abstractos utilizados en la Psicología Oscura, ya que es difícil de articular. El Factor Oscuro es más alto en las personas que muestran un comportamiento criminal o desviado, ya que tienden a avanzar más hacia la Singularidad Oscura a un ritmo acelerado.

Durante siglos, los filósofos y escritores ministeriales han tratado de explicar este hecho, explorando estudios históricos de comportamiento malicioso. Este fenómeno solo se ve en humanos, que pueden dañar a otro sin motivo racional aparente. Se supone que hay una parte dentro de nosotros que alimenta las acciones oscuras e implacables, simplemente porque somos humanos. No ha habido un humano que haya caminado por la tierra, que no tenga un lado oscuro, y se cree que esta característica carece de razonamiento lógico y racionalidad. Es parte de la condición humana, y no hay una explicación conocida de por qué. Se supone que este lado oscuro es impredecible en el sentido de quién actúa sobre las nociones maliciosas y en qué medida irán sin compasión. Las personas que violan, asesinan y torturan en los reinos de la Psicología Oscura, señalan las acciones de las personas depredadoras que sólo buscan validación al maltratar a otros. Los humanos pueden ser peligrosos, especialmente para ellos mismos. Hay innumerables razones para esto, y el estudio de la Psicología Oscura trata de analizar esa parte de la psique.

La Psicología Oscura está, como se explicó anteriormente, presente en todos los humanos, independientemente de quiénes sean o cuán benévolos puedan ser. Sin embargo, debido a que la Psicología Oscura puede malinterpretarse fácilmente, los Ejemplos en la historia tienden a revelar sus comportamientos dinámicos y destructivos demasiado tarde. La Psicología Moderna definirá a un psicópata como una persona sin arrepentimiento por sus acciones maliciosas. Aquí es donde entra en juego el Continuo Oscuro, señalando los diversos grados de severidad de la violencia y la victimización que pueden ocurrir sin un propósito o una motivación razonable.

Comprender los motivos y desencadenantes subyacentes permitiría a la sociedad reducir la influencia de la Psicología Oscura. Esto se debe a las mayores capacidades de identificación, diagnóstico y posiblemente reducción de los peligros que ya existen. Los beneficios de este conocimiento son tomar conciencia y aceptar que todos tenemos el potencial de ser malvados, reduciendo cualquier necesidad de actuar sobre esos pensamientos. Además, comprender que se ajusta a nuestro propósito original de luchar por sobrevivir durante el proceso evolutivo. Crear conciencia de esto en última instancia cambiará la realidad del individuo y lo ayudará a educar a los demás, así como a obtener un nuevo tipo de poder.

Capítulo 2: Controlar las Triadas Oscuras de la Personalidad

Las personalidades de las Triadas Oscuras que son prominentemente ofensivas pero no patológicas se conocen como maquiavelismo, narcisismo subclínico y psicopatía subclínica. En una muestra realizada con 245 estudiantes, las tres construcciones se midieron y examinaron en una variedad de laboratorios, y el autoinforme se correlaciona con las medidas estándar. Se utilizaron medidas interrelacionadas, pero no arrojaron resultados comparables. La única conclusión que coincidió fue la calidad de ser muy desagradable. El bajo neuroticismo fue un factor discernible para los psicópatas subclínicos. Mostrando poca conciencia en maquiavélicos y psicópatas, y sólo una pequeña afiliación con la capacidad cognitiva se exhibió en el narcisismo. También se demostró que la mejora personal en dos índices puntuados sin sesgo, por parte de narcisistas y, en menor medida, psicópatas. (Paulhus y Williams, 2002). Llegaron a la conclusión de que estas tres personalidades tienen diseños superpuestos, pero son muy distintos.

Las Triadas Oscuras de la Personalidad

Narcicismo

Estos son autodenominadores descarados que continuamente intentan ser el centro de atención. Sin embargo, este es un estado que no se comprende debido al tiempo prolongado de no ser reconocido o diagnosticado. Muchas de las características de estos individuos son productivas y amigables. Muchas personas aspiran a ser como ellos, y generalmente son convincentes en los aspectos profesionales de sus vidas. Está en su naturaleza administrar a otros con sus habilidades y capacidad de liderazgo. Son tomadores de riesgos conocidos y están más motivados y no temen al cambio.

Esto no siempre es bueno, ya que regularmente los motiva a un punto en el que no se detendrán ante nada para lograr sus objetivos y permanecer en la cima. Se vuelven destructivos hacia su oposición cuando son desafiados, y a menudo no hay nada que no hagan para alcanzar el resultado deseado. También ignoran las reglas estándar que se aplican a las personas que están presentes en su puesto, ya sea social o profesionalmente. No tienen miedo de usar tácticas ocultas como hacer trampa, pisar los pies o cortar esquinas para lograr sus objetivos establecidos y destruir a la oposición.

Los narcisistas tampoco aceptarán nunca que están equivocados. Tienden a reaccionar apasionadamente cuando cometen un error y son llamados por alguien que consideran un superior. Las críticas no son bien recibidas y las hieren a un nivel más profundo. Esto podría hacer que busquen venganza contra el retador e intenten eliminarlo. El narcisismo subclínico es difícil de diagnosticar y detectar. Esto lo hace especialmente dañino ya que la víctima sólo lo reconoce una vez que ya es impactante y ya ha causado daño.

Maquiavelismo

Este rasgo es notable por la manipulación interpersonal. También se puede asociar con patrones emocionales particulares y percepción social. Las tres subcategorías que se incluyen son engañosas dentro de las relaciones interpersonales, ver la naturaleza humana en una luz desilusionada y la falta de moralidad.

Existe una correlación entre el maquiavelismo y los bajos niveles de empatía, así como los altos niveles de alexitimia, anhedonia, ansiedad y depresión. Esto permitió obtener una mejor comprensión de su núcleo emocional. Las personas que poseen estas características utilizan la manipulación interpersonal, como el engaño, la adulación, los puntos de vista distantes y amorales que han adoptado para promover objetivos personales. Estas personas parecen naturalmente tener una extraña habilidad para leer las mentes de los demás y comprender las situaciones sociales. Esto les permite manipular fácilmente a las personas que los rodean para servir en sus propios objetivos y motivaciones.

Existen muchas preguntas sobre las habilidades del maquiavélico. Como ejemplo, los estudios han demostrado un vínculo externo entre estos rasgos y la inteligencia general. También se especula que estos individuos tienen una mejor Teoría de la mente o capacidad de "lectura de la mente". Tienden a ser vistos como carentes de estar involucrados con otros y también muestran desapego hacia sus compañeros. Estas desconexiones emocionales parecen correlacionarse con dos deficiencias emocionales: alexitimia y anhedonia. Las personas que tienen afecciones mentales como esquizofrenia, depresión o ansiedad también muestran un tipo similar de desapego emocional. La relación entre estos déficits y las características del maquiavelismo varía según el trastorno y el tiempo estudiado. Todavía plantea la pregunta de qué se encuentra en el núcleo de los impedimentos emocionales de este comportamiento en una sociedad sana.

Psicopatía

Como grupo, las características de un psicópata se consideran violaciones de las normas sociales. No siempre muestran un comportamiento antisocial o autodestructivo. En cambio, podrían mostrar estratégicamente un comportamiento adaptativo para imitar a otros en respuesta a las señales sociales que han observado de otros como su respuesta normal. Esto se ha estudiado para encontrar la correlación entre estos rasgos y el comportamiento injusto para ver si puede ser moderado por el castigo para fomentar un mejor comportamiento.

La psicopatía primaria puede identificarse por manipulaciones insensibles y superficiales, así como por un atractivo engañoso. La psicopatía secundaria puede definirse por un individuo que actúa impulsivamente y sin aspiraciones a largo plazo. Sus respuestas tienden a ser hostiles, y los psicópatas son conocidos por su comportamiento criminal en serie. Factores criminales o clínicos no limitan esto.

Las personas con estas características se encuentran dentro de la población general pero son difíciles de identificar. Sus rasgos se mostrarían como inmorales o antisociales, pero pueden ocultar estas partes actuando de una manera que la sociedad acepte como la norma. No está claro si estas personas se enfocan en recompensas económicas o si evalúan las interacciones personales para evitar reacciones adversas. Si no pueden predecir los esfuerzos injustos de alguien cercano, podrían responder con acciones injustas hacia esta persona, independientemente de las interacciones futuras.

Capítulo 3: Haciendo Uso del Lenguaje Corporal

Los humanos han usado el lenguaje corporal como una forma de comunicación no verbal durante millones de años. Las expresiones faciales, los gestos con las manos, los marcadores personales, los símbolos y los olores químicos permitieron a nuestros antepasados sobrevivir en entornos que no siempre eran favorables. Estos rasgos se han mantenido, y aún respondemos a estas señales, por sutiles que sean, en nuestras interacciones cotidianas.

Esto se puede observar en las comunicaciones no verbales que son controladas por el cerebro. La mente es una entidad muy compleja donde se puede examinar la correlación entre las acciones no verbales y la psicología. Desde la infancia, hay gestos corporales que usamos para comunicarnos. A medida que crecemos y nuestros comportamientos son decodificados y alentados por nuestros compañeros, aprendemos cómo comunicarnos de manera más precisa y efectiva. Incluso cuando aprendemos a comunicarnos verbalmente, seguimos confiando en el lenguaje corporal para transmitir el mensaje. Esto incluye tono, volumen, velocidad, contacto visual y postura. Todos estos factores juegan un papel en la transmisión del mensaje deseado, junto con la elección de las palabras. La parte no verbal es lo que se puede ver como el mensaje psicológico primario. Este mensaje se comunica en ambos niveles, y nuestra reacción se basa aquí.

El cerebro controla las reacciones según lo que le gusta o no le gusta. Por ejemplo, cuando detecta algo que no le gusta, rechazará el cuerpo y las pupilas se contraerán. Sin embargo, cuando disfruta de la vista, las pupilas se contraerán y moverán el cuerpo hacia la fuente. El cerebro también desencadenará otras señales corporales de incomodidad o placer. Inconscientemente obliga al individuo a expresar esto, ya sea que lo haga o no. Negativamente, el cuerpo se tensa, quiere moverse o inquietarse, y a veces muestra una expresión facial sombría. Positivamente, el individuo se relajará en su postura, una sonrisa estaría presente y sentiría la necesidad de expresar su placer.

El Cuerpo Habla

Hay señales simples que puede usar para leer a las personas a su alrededor y acciones no verbales que llevan el mensaje deseado. Saber qué buscar y qué usar para enviar información puede marcar una gran diferencia en cómo responde. Estas son algunas de las señales que debe buscar. Esto le enseñará cómo usar las señales y cómo responder para obtener las reacciones deseadas de las personas con las que interactúa.

Una señal sutil es cerrar los ojos mientras entabla una conversación sobre un tema desagradable. Este es el intento de la persona de esconderse de su entorno. Tenga en cuenta que esto no sólo se usa como reacción al miedo, sino para mostrar objeción y, en cierto modo, tratar de alejarse de la persona o situación. Es una forma sutil en la que el cerebro muestra molestia, y se puede usar cuando se quiere salir de un lugar sin ser completamente hostil. Tenga en cuenta que algunas personas podrían ignorar esta señal no verbal o ser completamente ajenas a ella.

Cubrirse la boca es una forma de tratar de evitar que alguien diga algo que no desea expresar. Pueden usar la palma de la mano, el puño o el dorso de la mano para hacerlo. Una tos falsa podría usarse para disfrazar esto. Este es un gesto que todos aprenden desde la infancia y, como la mayoría de los gestos, se convierte en un acto subconsciente para transmitir el mensaje. Evite este gesto cuando necesite parecer sincero y abierto, y observe a las personas si sospecha que alguien podría estar ocultando algo de usted.

Una persona que mastica un objeto pequeño como un bolígrafo, el brazo de sus anteojos o incluso un chicle puede indicar estrés. Están utilizando esto como un método para tratar de aliviar los sentimientos de ansiedad, similar a cómo encontraron consuelo cuando eran bebés y amamantaron a sus madres. Apoyarlos o brindarles comodidad puede ser útil durante un momento de preocupación.

Mejorar su apariencia es una indicación de tratar de atraer la atención de alguien que encuentre convincente. El individuo intentará resaltar sus mejores características y llamar la atención sobre ellas. Esto no es sólo para atraer a un compañero o compañero potencial, sino que puede usarse en alguien en una posición más deseable.

Alguien cruzando los brazos durante una conversación o interacción es una forma de calmarse y cerrarse, lo que indica ansiedad. Esto significa que no son receptivos a la interacción y están bloqueando cualquier avance hacia ella. Hacer que la persona baje los brazos y se abra a la discusión es una técnica utilizada especialmente en un entorno de ventas, por ejemplo, para llegar al individuo y aumentar la probabilidad de que preste atención y compre el producto o servicio.

Las primeras impresiones son cruciales, y puedes aprender mucho de alguien con un simple apretón de manos. Alguien que toma su muñeca con su mano libre está tratando de decir que se puede confiar en él. Alguien le da la mano con la palma hacia arriba y su mano libre colocada encima de la suya muestra simpatía. Sin embargo, esto es sólo si este gesto se realiza de inmediato. Si esto se hace después de que la persona tome su mano por un tiempo, le están comunicando quién está a cargo. Darse la mano con las palmas hacia el suelo indica la disposición del individuo en ayudar. Por último, las personas que tocan a la otra persona cuando se dan la mano están comunicando una necesidad de compañía. Cuanto más cerca del torso, más compañía requiere esta persona.

Luego hay una persona arreglando su corbata o una parte de su ropa. El significado de esto puede variar, dependiendo de la situación. Si un hombre hace esto cerca de alguien que encuentra atractivo, la mayoría de las veces, significa que le gustan. Este simple gesto también puede indicar molestia, ya que esta persona puede estar mintiendo o quiere abandonar la situación en la que se encuentra.

Cuando una persona no está de acuerdo con una idea pero no quiere hablar, comenzará a pellizcarse los pelos que no están allí.

Definitivamente no están de acuerdo con la opinión o declaración de la otra persona, pero no hablan sobre su propia opinión.

Alguien sentado en un escritorio y colocando sus pies sobre él puede indicar una serie de cosas. Podrían estar mostrando dominio al tratar de demostrar que están a cargo, o pueden estar mostrando falta de respeto o malos modales. En algunos casos, podría ser una posición cómoda para que la persona se siente, pero se recomienda que se siente así en casa si este es el caso. Una persona sentada en una silla como un caballo también muestra dominio. Las personas alrededor de este individuo tenderán a sentirse incómodas cuando se tome esta posición, ya que pueden sentir la agresión. Abstenerse de sentarse cuando se sientan así si no quieres parecer débil.

Capítulo 4: Influencia Emocional – Dominando el Corazón

Las decisiones tomadas con el cerebro y las decisiones que provienen del corazón rara vez reflejan las mismas conclusiones. La lógica no influye en las elecciones que hace su corazón, y analizar el mejor resultado no es la especialidad del corazón. Las emociones tienen un impacto significativo aquí y los caminos que tomamos. Esto se debe a que tratamos de seguir lo que "se siente bien" en lugar de lo que tiene más sentido. Y ese instinto en el que confías tanto a veces te lleva en una dirección diferente y puede desviarte.

Al observar la variedad de emociones que experimentamos, cada una tiene un efecto adverso en la elección que hacemos. Echa un vistazo a la tristeza; Esta emoción crea sentimientos de desesperación o desalienta al individuo a participar en actividades. Puede crear sentimientos de disociación y querer aislarse. Por el contrario, la ira puede crear entusiasmo y el individuo estará más dispuesto a correr riesgos. Promueve la confianza ciega y disipa cualquier temor persistente.

La felicidad tampoco ayuda a la hora de tomar decisiones, ya que las personas están más interesadas en la cantidad de lo que se dice que en la calidad. Las emociones pueden hacer que las decisiones sean más primarias, y es menos probable que las personas piensen en el rango de soluciones y en su lugar reúnen el pensamiento más inmediato y primario. Aunque la tristeza tiene sus malas cualidades, puede usarse en un sentido comercial, provocando que el individuo actúe con diligencia en lugar de analizar el mejor curso de acción.

Montaña Rusa Emocional

Es fácil acceder a la gran cantidad de emociones que pueden crear una respuesta de las personas una vez que sepa cómo hacerlo. Los partidos políticos usan la ira y el miedo para reunir a las multitudes, creando cadenas de pensamiento para promover sus plataformas políticas. Un ejemplo sería el líder del partido convenciendo a la multitud para que se levante contra la injusticia.

Al enumerar cómo las acciones específicas están creando malas situaciones para la multitud que escucha y qué medidas deben tomarse como resolución. Esto despierta la ira, una mentalidad de grupo, que crea un seguimiento similar a una oveja donde recurren a una forma de pensamiento más primitiva. Debido a que la ira hace que las personas se sientan más seguras y capaces de asumir riesgos, se inclinan hacia las soluciones drásticas y superan cualquier solución racional.

Entonces, ¿cómo usarías las emociones para influir en los que te rodean? Para lograr esto, hay tres cosas a considerar:

- ¿Cuál es el estado mental de esta persona?
- ¿A quién dirigen sus emociones?
- ¿Cuál es la razón de este sentimiento?

Conocer las respuestas a estas preguntas puede crear una puerta de entrada a la psique de la persona o personas en su línea de visión. Tenga en cuenta que conocer estas respuestas es clave para guiar a las personas en la dirección que desea que vayan. Incluso perder una respuesta puede afectar el resultado ya que el conocimiento que rodea estas preguntas le da la capacidad de hacer que la persona haga o diga lo que quiera, cuando quiera.

Esta táctica se puede usar en múltiples escenarios. Las personas que trabajan en ventas y marketing juegan con las emociones de los clientes para obtener una respuesta favorable. Crean miedo a la pérdida dentro de los individuos al hacerles sentir que están a punto de perder una gran oportunidad. Crean una sensación de poder y control empujando la conversación hacia un lado mientras dejan que el individuo lidere. También usan una táctica de simpatía al tirar de las fibras del corazón del individuo, obtener información sobre sus vidas personales y luego relacionarse con ellos para crear el sentimiento de pertenencia. Todos estos están trabajando en el aspecto emocional del proceso de pensamiento de un comprador potencial y se utilizan para impulsarlos hacia el resultado deseado.

Establecer una fuerte conexión emocional con el grupo de personas a las que se dirige creará una mejor relación con ellos. No coloque barreras entre su audiencia y usted. Asegúrate de que puedas identificarte y que te vean en igualdad de condiciones. Si tienes una alta posición social, demuestra que eres igual que las personas que te rodean. Si la audiencia expresa disgusto hacia ti, muéstrales que eres agradable. Si parece inaccesible para la multitud mencionada, haga algo para alentarlos a acercarse a usted y mostrarles que es accesible. No organices un espectáculo para tu audiencia y sé genuino. Si hay una ligera sospecha con respecto a su autenticidad, perderá credibilidad y no responderán. Ser consciente de qué marco usar también es muy importante en su postura, ya sea que lo esté usando para avanzar para hablarle a la audiencia que viene a un evento político o que lo use en una empresa comercial.

Saber la diferencia entre qué palabras usar puede afectar en gran medida el resultado. Podría estar utilizando dos estructuras diferentes que cubren el mismo tema y elegir una que el público prefiera. Tenga una historia para contarle a la audiencia con la que está hablando. Una historia que recordarán y compartirán y una que los inspire a actuar. Estamos programados para responder a las historias, y esto hará caer la guardia de su audiencia cuando la escuchen. Las historias crean conexiones con los demás y te permiten introducirlas más profundamente en tu mensaje. El uso de metáforas puede hacer que un discurso sea más memorable y atraer interés. Las metáforas dan forma a nuestras cosmovisiones y nos ayudan a aprender y descubrir. Las palabras no siempre son suficientes, y para remediar esto, use imágenes que se alinien con su discurso para estimular aún más la mente.

Asegúrese de que la forma en que presenta su discurso sea correcta. El tono, el volumen y la velocidad son importantes y coinciden con el momento. Tenga en cuenta la redacción que utiliza. Vuelva a trabajar con palabras que tengan un impacto más poderoso. Aprenda cuatro o cinco dispositivos retóricos, pero no olvide el poder de tres. Por último, no te excedas. Presionar demasiado puede provocar una reacción negativa.

Capítulo 5: El Poder Que la Manipulación Puede Tener

Manipular a alguien es el acto de usar tácticas indirectas para controlar las relaciones, las emociones y el comportamiento. Esto se practica más a menudo de lo que piensas. Esto podría estar expresando una cierta emoción, pero mostrando lo contrario para controlar la acción y la percepción de un individuo. Manipular a otros puede tener un efecto maligno y está directamente relacionado con el abuso emocional. Esto es especialmente cierto en las relaciones íntimas. La manipulación se ve principalmente como negativa, cuando daña a otra persona. Estas personas sienten la necesidad de tener el control de su entorno, y esto proviene de un miedo o ansiedad subyacente. No es saludable comportarse de esta manera, y participar en este comportamiento puede hacer que el individuo se desconecte de su ser genuino. Y ser manipulado puede causar efectos adversos para el receptor.

Alguien que es víctima de abuso crónico, puede experimentar sentimientos de depresión, ansiedad, desarrollar hábitos poco saludables para hacer frente, ignorar sus necesidades y priorizar el manipulador. Es probable que oculten la forma en que se sienten, pongan excusas y continuamente intenten complacer a esta persona. La manipulación puede llegar incluso a hacer que una víctima cuestione su sentido de lo que es real y lo que está justo en su cabeza.

Reconocer la Manipulación

No siempre es una decisión consciente que alguien manipule, y es probable que no sea plenamente consciente de que lo está haciendo. Otros pueden estar trabajando activamente para mejorar sus tácticas de manipulación. El comportamiento pasivo-agresivo puede considerarse manipulador, y ocurre cuando un individuo no se afirma a sí mismo para hablar directamente y ser sincero por cualquier motivo. Las personas que muestran este comportamiento intentan evitarlo sigilosamente. Esto incluye chismear, dar el hombro frío, tratamiento silencioso, pequeños sabotajes como bloquear el progreso o postergar a propósito, además de ser demasiado amable, mientras te da la sensación de que te perjudicarán en el momento en que te vayas.

Este comportamiento es tímido y hace que sea difícil para usted limitar por qué o qué le está molestando. Lo que hace que este comportamiento sea tan dañino es que es más fácil tratar con alguien que expresa su desacuerdo en su cara, que tener a alguien que lo haga a sus espaldas. Comprender los motivos detrás del comportamiento pasivo-agresivo puede ser difícil y crea confusión para el receptor. El objetivo aquí es tratar de vengarse de usted sin hablar directamente. No dude en abordar el comportamiento cuando ocurra, desactívelo haciéndoles saber que sabe lo que está sucediendo, explique cómo lo ha interpretado y pregúnteles sobre la precisión de su observación.

La deshonestidad también se puede utilizar como una forma de manipulación, ya que puede alterar la percepción de la persona en el extremo receptor. Esto puede hacerse intencionalmente para controlar la reacción o las acciones de otro y es difícil detectar cuándo se utiliza esta táctica. Amenazar a alguien también puede ser manipulador cuando se hace implícitamente. La efectividad puede variar según el alcance de la amenaza y las medidas tomadas si la víctima no se adhirió a las demandas y el plazo de la amenaza. Cuando se hace correctamente, las amenazas implícitas tempranas y las amenazas explícitas tardías arrojaron mejores resultados tras el estudio e hicieron que el depredador pareciera menos agresivo.

La retención puede desempeñar un papel importante en la manipulación, ya que estas decisiones no se basan en hechos, sino en la falta de información. Esto puede guiar a la víctima en la dirección hacia la cual el perpetrador la está conduciendo manteniéndola en la oscuridad. Esto les da la capacidad de guiar a su víctima a ciegas. Mantenerse alejado de los seres queridos crea un sentimiento de soledad y dependencia de la persona que usa esta táctica. Pone a la víctima en una posición en la que se siente abandonada por todos los que estaban cerca de depender de la persona. Esto los hace más fáciles de controlar y creer lo que dice el depredador. La víctima hará cualquier cosa para hacerlos felices y evitar que también los abandonen.

Hacer luz de gas es un término utilizado más recientemente y describe el acto de socavar la realidad de un individuo al no reconocer los hechos, sus sentimientos o el entorno que los rodea. Esta forma de manipulación los vuelve contra ellos mismos y quiénes son como seres humanos. Esta es una táctica utilizada para evitar asumir la responsabilidad, derribar a otro individuo y al mismo tiempo mantenerlo cerca. Esto es especialmente cierto si la víctima está desesperada por complacer o demostrar que alguien está equivocado. El iluminador de gas podría incluso ser ajeno a sus propias tácticas y piensa en ello como siendo descaradamente honesto. Reconocer los efectos de la iluminación de gas puede reducirse a mirar lo siguiente:

- Con frecuencia se pregunta si es demasiado sensible.
- Te sientes confundido y algunas veces loco.
- Siempre dices perdón.
- No entiendes por que no eres feliz.
- Sueles excusar las acciones de tu pareja.
- Sabes que esta algo mal, pero no estás seguro de qué.
- Usted hace declaraciones falsas para evitar una realidad y criticas distorsionadas.
- Tomar desiciones sin complicaciones es dificil para usted.
- Con frequencia te preguntas si eres lo suficientemente bueno.

Para combatir estos efectos, identifique el problema entre esta persona y usted. Identifique la verdad de lo que se está distorsionando al llevar un diario. Decide por ti mismo si estás en una lucha de poder aquí. Participe en ejercicios mentales para fomentar un cambio de mentalidad. Permítete experimentar todas tus emociones. Permítete soltar algunas cosas. Habla con tus seres queridos. Concéntrese en lo que siente en lugar de lo que está bien y lo que está mal. Recuerde que no puede controlar la opinión de nadie, tenga o no razón. Sé compasivo contigo mismo. El autocuidado es muy importante.

Capítulo 6: Adoctrinamiento en Control Mental

El acto de control mental es el proceso de manipular los pensamientos de uno o un grupo de individuos sistemáticamente con medios poco éticos de persuasión. Esto es para guiarlos a ajustarse a las necesidades del manipulador y a menudo es perjudicial para la víctima. Esta es una táctica que se puede aplicar en un sentido psicológico pero no se limita a ella y puede desestabilizar el sentido de control de un individuo sobre sus acciones, pensamientos, emociones u elecciones.

Métodos de Control Mental

Existen múltiples métodos para implementar el control mental porque tenemos un estado psicológico complejo, y muchas áreas del cerebro pueden usarse mediante el ejercicio de diferentes tácticas. El aislamiento es una herramienta muy poderosa, pero no siempre es posible o práctica. Los manipuladores recurrirán entonces al aislamiento mental de la víctima. Esto se puede lograr de muchas maneras diferentes, desde ser criticado por un país hasta seminarios de una semana. Esto limitará otras influencias ejerciendo control sobre la información entrante.

La crítica es otra herramienta que se puede usar para aislar y el manipulador la usa típicamente para examinar el mundo exterior y reclamar su superioridad. Quieren que te sientas afortunado de estar asociado con ellos. Cuando se apunta a grandes grupos de personas, generalmente, la prueba social y la presión de grupo son el método elegido para manipular a los recién llegados. La prueba social es un hecho psicológico en el que algunas personas adoptan las creencias y acciones de otros porque creen que es justo. Esto se debe a que lo justifican con la idea de que "todos lo están haciendo". Esto es particularmente efectivo cuando el individuo no está seguro de qué pensar o cómo actuar. Muchas personas mirarán a las personas que les rodean y lo que están haciendo cuando se encuentren en una situación similar e imitarán lo que ven.

Tener miedo de estar alienado es otro estado mental que se usa con frecuencia para controlar a las personas, especialmente a los recién llegados. Cuando un recién llegado ingresa a un grupo, normalmente recibe una cálida bienvenida y eventualmente forma nuevas amistades. Ven estas amistades como profundas y más significativas que las amistades que han tenido en el pasado. En consecuencia, comenzarán a dudar, y estas relaciones se convierten en una herramienta poderosa para mantenerlos en el grupo. Incluso si no están completamente a bordo, el mundo fuera del grupo parece menos atractivo y muy solitario. Cuando algo se repite constantemente, puede usarse como una táctica convincente.

Por simple que parezca, puede ser muy efectivo. Al repetir el mismo mensaje una y otra vez, se vuelve familiar y memorable. Cuando la repetición va acompañada de pruebas sociales, el mensaje que se transmite aparece sin fallas. Las tácticas de superación personal son prueba de que la repetición funciona. Todo se reduce a si puede mejorar usted mismo si se comporta repetidamente de la manera deseada para manipularse y comportarse de cierta manera. La falta de sueño o la fatiga son tensiones físicas y mentales que lo hacen menos alerta y más receptivo a la persuasión. Las personas que no han dormido durante 21 horas fueron más fáciles de persuadir, según un estudio que aparece en el Diaro de la Psicologia Experimental.

El objetivo final del manipulador es redefinir la identidad del individuo. Quieren que te conformes con sus deseos y te abandones, convirtiéndote esencialmente en un robot. Quieren que seas alguien que sigue órdenes sin dudar. Usando todos los diferentes métodos de tácticas de manipulación, como se mencionó anteriormente, tratarán de obtener una confesión de usted. Esto es para que admitas que crees que son buenos y que sus acciones son con buena intención. Puede que no parezca un gran problema al principio, como estar de acuerdo en que las personas del grupo son personas divertidas y amorosas.

También podría ser para validar algunas de sus opiniones. El truco detrás de esto es lograr que aceptes una cosa y te abra para conformarte con más. Empiezas a desear respaldarte y ser constante, por lo que te identificas como uno del grupo. Es posible que te graben o filmes mientras haces estas proclamaciones, que según ellos te cimentan dentro de tu nueva identidad y hacen que sea menos probable que retrocedas. El control mental, en pocas palabras, es una forma de manipulación que utiliza los pensamientos de los individuos y los ajusta a los deseos del manipulador y puede realizarse por múltiples razones. Que esto sea para obtener ganancias financieras o para ejercer poder sobre otros que consideran menos superiores a ellos.

Capítulo 7: Leer Personas de Forma Rápida y Eficiente

Ser capaz de escanear personas podría ayudarlo a descifrar lo que una persona podría estar pensando o predecir cómo podrían reaccionar en diferentes situaciones. Esta habilidad es especialmente útil cuando necesita adaptar su respuesta a lo que el individuo podría hacer. Se puede utilizar para manipular al individuo para que responda a la manera del manipulador. Como ejemplo, si el manipulador quiere que el individuo piense en alguien con vello facial, llamar la atención constantemente sobre esa parte del cuerpo creará un marcador subconsciente en la mente de ese individuo. Más tarde, cuando el individuo se coloca en un escenario para describir la idea del vello facial, les parecerá que el manipulador ha leído su mente. De hecho, este no es el caso, ya que el manipulador plantó el pensamiento. Ser capaz de leer a las personas puede abrir la puerta a muchos de estos altercados y darle la capacidad de evaluar con mayor precisión un escenario y las acciones de las personas en ellos.

Un Libro Abierto

Ser capaz de leer personas no es complicado, en el sentido de que la mayoría de las personas funcionan abiertamente y no protegen su lenguaje corporal. Saber qué señales buscar le permitirá evaluar las acciones sutiles de un individuo y le dará una idea de los pensamientos que corren por sus cabezas. Es fácil pasar por alto algunas de las señales, y estas son las cosas que podría estar haciendo mal que le están quitando su capacidad de leer a las personas de manera rápida y precisa.

Puede que estés ignorando el contexto. Una persona que se cruza de brazos en una habitación fría o si no tiene reposabrazos en la silla en la que está sentado, no tiene mucho significado para su gesto. Ponga todo lo que ve a través de una prueba de sentido común si alguien actúa de cierta manera en una situación, pregúntese si el comportamiento es típico o inusual. Buscar signos reveladores únicos en lugar de la imagen general puede ser un gran error. Las acciones que son consistentes y se pueden agrupar son las señales que le dicen algo. Pregúntese si las acciones del individuo le dicen algo específico o no. Otro error es no obtener una línea de base u operaciones normales de un individuo. Si esas acciones cambian repentinamente y comienzan a actuar de manera irregular, entonces usted sabe que algo está sucediendo: pregúntese si generalmente actúan así o es algo fuera de lo normal. Ser ignorante de los prejuicios también puede ser una caída. Si ya ha tomado una decisión acerca de una persona, su juicio hacia ella se verá muy afectado. Lo mismo es cierto si alguien te felicita o te insulta. Estos subconscientemente volverán tu juicio hacia esa acción. Es fácil caer en trampas que funcionan con estas tácticas, sin importar cuán imparcial puedas pensar que eres.

Su intestino es generalmente muy preciso y es por eso que las primeras impresiones son muy importantes. Independientemente de si las primeras impresiones son correctas o no, pueden afectarnos de manera importante y alejarse de los pensamientos iniciales es lento y difícil. Es difícil cambiar tu primera impresión de alguien, pero hacerlo te beneficiaría. Se ha demostrado en estudios que las personas son genuinas en la primera forma en que se presentan, ya sea con confianza, extrovertidas, etc. Esto es aún más preciso cuando se encuentra con personas atractivas por primera vez, ya que usted está más centrado y las evalúa más profundamente. La gente juzga un libro por su portada y más aún cuando el libro es más atractivo físicamente. Las personas pueden tomar las imágenes que eligen mostrar, ya que generalmente son precisas y se usan deliberadamente para hacer una declaración. La gente hace estas afirmaciones de identidad como un subconsciente necesita ser conocido. Las personas quieren ser vistas como si fueran genuinas en lugar de ser positivas y dejarán de verse atractivas para hacerlo. Las personas poderosas tienden a ser calladas, mientras que las personas menos poderosas parecen hablar más. Esto también es cierto para las personas con un mayor sentido del humor, son más inteligentes que las que no tienen ninguno.

Ser capaz de distinguir si alguien es confiable, nos empuja a centrarnos en un comportamiento inconsciente que no puede controlarse tan fácilmente para transmitir un mensaje. Esté atento a señales como el habla y la imitación del comportamiento que podrían ser indicadores de que el individuo se siente conectado a usted a nivel emocional. Esto puede ser falso, sin embargo, se hace más difícil llevar una conversación completa.

Las personas que a menudo se expresan emocionalmente son personas en las que puede confiar más fácilmente cuando observa su lenguaje corporal. Puede leer el lenguaje corporal de una persona y las señales que se presentan en grupos de cuatro: tocarse las manos, tocarse la cara, cruzar los brazos e inclinarse. Por sí mismas, estas señales no dicen mucho, pero pueden desempeñar un papel en la transmisión de un mensaje preciso cuando se realizan juntas.

El propósito de tener todo en cuenta sobre un individuo es evitar los estereotipos y colocarlos en un grupo particular. Tampoco estás sopesando a alguien por miedo a sufrir daños físicos, sino por la posibilidad de ser engañado o confundido. Es muy común que un hombre vea a otro hombre como más dominante si tiene rasgos más masculinos, y aún más cuando un hombre más bajo percibe estas características en un hombre más alto. Un gran cambio en el juego es prestar mucha atención durante sus conversaciones. Es común que una persona pierda el foco en algún lugar aquí, y puede perder pistas importantes o resbalones que la otra persona podría dejar caer. Si su incentivo para prestar atención y participar es alto, será más preciso al evaluar a otras personas con precisión. La motivación no siempre es alta porque consume más energía. Sin embargo, cuanto más motivado esté, mejor será su capacidad para discernir cosas específicas. Las personas que intentan engañarte, se ajustan a un conjunto de acciones. Siguen repetidamente cuatro señales discernibles. Se tocan constantemente las manos, se tocan la cara, se cruzan de brazos y se alejan de ti. Estas señales significan muy poco cuando se hacen por separado, pero juntas, pintan una imagen muy precisa del engaño. Cuanto mayor es la frecuencia de uso en este grupo de acciones, menos confiable es el individuo. No debe descartarse prestar atención a la forma en que se presenta una persona. Alguien que preste más atención a su apariencia podría indicar narcisismo. Una persona que usa un atuendo limpio y formal solo está tratando de expresar su diligencia, y alguien que usa ropa llamativa y costosa o muestra escote o músculo, está tratando de presumir.

Poder saber si alguien está interesado en ti también puede ser una tarea difícil. Las mujeres tienden a subestimar el nivel de interés que los hombres tienen en ellas, mientras que los hombres sobreestiman el nivel de interés que una mujer tiene en ellas. Cuanto menos atractivo sea el hombre, más podrá medir el nivel de interés que una mujer podría tener hacia él. Una señal reveladora de que una mujer está interesada en una persona es su tasa de hablar. Un signo positivo es si ella está hablando con suavidad y rapidez, en lugar de un signo negativo de ella hablando vacilante y torpemente. Los hombres y las mujeres también tienden a profundizar sus voces cuando hablan con alguien que les atrae. El contacto físico también es un gran indicador. Tocar un hombro, antebrazo o cintura es una muy buena señal, y las expresiones faciales serían el equivalente a un as en el hoyo.

En resumen, leer a las personas se reduce a tener en cuenta el contexto, el grupo, la línea de base y los sesgos. No cometas los errores habituales. Cuando se trata de primeras impresiones, confíe en su instinto. Tienden a ser precisos. Cuando alguien te imita emocionalmente de manera sostenida y consistente, puedes confiar en ellos. Presta atención a las personas. Las personas "malas" han hablado, así que sin ser obvio, trate de captar las señales rápidamente. Y si un hombre o una mujer fluctúan su voz mientras te hablan o intentan hacer contacto físico, están coqueteando.

Capítulo 8: Levante Su Escudo Contra el Abuso Narcisista

Los narcisistas tienen un amor limitado por sí mismos y, en general, sienten un sentimiento de vergüenza. Crean la imagen ideal de sí mismos y se convencen de que llevan esta imagen en realidad. Dentro de sí mismos, sienten el agujero entre la realidad de su mundo y esta figura que han creado. Se hace un gran esfuerzo para mantenerse alejado de esa vergüenza y usar mecanismos de defensa destructivos que dañan y causan dolor a los seres queridos. Los métodos de afrontamiento de la mayoría de los individuos narcisistas son abusivos; sin embargo, ser abusivo no es exclusivo de los narcisistas. Ser víctima de abuso puede presentar muchos obstáculos y dificultar la identificación del abuso. Construir un sistema de apoyo para usted y también aprender cómo protegerse de él y fortalecerse es su mejor línea de defensa.

Hora de Negociar

El abuso narcisista puede venir en una multitud de formas, tales como abuso mental, emocional, sexual, espiritual, físico o financiero. Ser intimidado, menospreciado, acusado o culpado son algunas formas de abuso verbal. Para poder identificar esto con precisión, tome el contexto, la malevolencia y la frecuencia de estas acciones antes de colocarlo en una categoría. Ser manipulado es indirectamente una acción sobre alguien para cambiar su comportamiento para ser beneficioso para los objetivos del manipulador. Esto puede disfrazar la expresión de agresión. Se presenta la imagen de ser inofensivo e incluso amable, con un sentido subyacente de hostilidad. Ser chantajeado emocionalmente es otra táctica abusiva, y comportamientos como advertencias, amenazas, intimidaciones o incluso castigos están incluidos en esto. Es una forma de manipulación que tiene la intención de evocar miedo, culpa y obligación. La iluminación con gas, que discutimos en un capítulo anterior, te hace creer que eres mentalmente incompetente. Competir constantemente y estar siempre en la cima, por cualquier medio, a veces se toma con medidas poco éticas que crean contrastes negativos con el narcisista y otras personas.

También pueden participar en sabotear los esfuerzos o las relaciones de alguien por venganza o ganancia personal. Otro método sería la víctima utilizada o aprovechada para beneficio personal sin tener en cuenta los sentimientos o necesidades de dicha víctima. Mentir persistentemente para evitar la responsabilidad o ganar deseos personales es otra forma de comportamiento narcisista. También podrían tratar de retener pequeñas cosas sobre sexo, dinero, afecto o comunicación. En otros casos, podrían estar descuidando satisfacer las necesidades del individuo que cae bajo su responsabilidad. Invadir su privacidad o ignorar los límites de un individuo, lo que incluye acosarlos o negarles la privacidad física es otro comportamiento abusivo que podrían mostrar. Podrían participar en el acto de tratar de asesinar tu carácter al difundir rumores o mentiras viciosas, o con violencia al atacarte o destruir tu propiedad. El abuso también puede incluir el control de sus finanzas al tratar de dominarlo económicamente o mediante el robo o la extorsión creando deudas, o podrían apostar o vender su propiedad personal. Por último, aislar a la víctima de amigos y familiares o alejarla de los servicios y el apoyo externos mediante el uso de las tácticas mencionadas anteriormente.

Los narcisistas pueden estar en cualquier lugar, e incluso es posible que algunos en su círculo social se den cuenta de que puede ser un desafío liberarse de su influencia. La visión del mundo de un narcisista es impredecible, y hacen que la depresión se convierta en pomposa superioridad. Sus sentimientos y puntos de vista negativos sobre el mundo son tan fuertes que lo experimenta usted mismo. Por lo general, es difícil dar sentido a esto porque se deriva de sus problemas y, cuando se dirige hacia usted, se sentirá cegado.

Tratar con un narcisista es como tratar con un acosador. Ignora la dureza ya que no les da satisfacción, y tratarán de atacar a alguien más. Pon la otra mejilla cuando intenten atraerlo a una pelea. No justifique ni defienda su postura si muerde el anzuelo y tiene una discusión con ellos. Establezca límites claros cuando les hable y deje en claro que lo que dice es lo que quiere decir. No tomes sus críticas personalmente. Comprende que se trata de ellos y su desorden. Si necesita tomar una decisión, opte por mantenerse alejado y dígalo claramente. No vuelva a su elección y asegúrese de seguir. Cree en tus sentimientos y confía en tu intuición. Su cuerpo puede saber cuándo estamos siendo maltratados o si algo parece estar mal. Recuerde siempre que puede protegerse. No confíes en que alguien vaya a rescatarte. Enfréntate al narcisista y ponte detrás de tu voz. Recuerde que todos merecen ser tratados de manera justa con amabilidad y compasión, y vale la pena traer más bondad al dar un ejemplo a quienes lo rodean.

Capitulo 9: ¿Necesita un Lavado de Cerebro Adecuado?

Todos han experimentado la sensación de querer convencer a alguien de una noción o producto en particular. Esto sucede casi a diario ya que estamos inundados de anuncios y comerciales de productos y servicios para comprar y las opiniones de otras personas sobre cómo debemos actuar en ciertas situaciones. Constantemente se nos dice cuándo estar enojado o molesto, qué comer o leer, qué ponerse y cómo lucir. Todo esto es en el negocio de "convencer". Pero en realidad, el arte de la persuasión o "lavado de cerebro" puede ser muy rentable para algunos.

Antes de que las redes sociales, televisores, vallas publicitarias o periódicos se pusieran a disposición de las masas para publicidad, y solo se te contactaría si estuvieras dentro de un público objetivo. Te ignorarían si no fueras la clientela deseada y, en general, no te hubieran prestado mucha atención. Sin embargo, esto cambió cuando las redes sociales se hicieron populares y estos anuncios se adaptaron específicamente a las personas en función de sus búsquedas en línea, clics, hábitos de compra, suscripciones, así como me gusta y no me gusta. La información es recopilada por la presencia en línea de los usuarios y aparecerán anuncios concurrentes, casi misteriosamente, que se vincularán directamente con estos hábitos.

Es posible que haya oído hablar de un experimento llamado MK-Ultra, dirigido por la CIA como una serie de experimentos realizados en individuos que a veces ni siquiera sabían que se estaban llevando a cabo. Esto es lo que sucede cuando el gobierno decide hacer un balance en el control mental. Algunos fueron voluntarios como sujetos de prueba humanos y fueron impulsados por encontrar respuestas a la clave para el lavado de cerebro. Algunos sujetos incluso fueron sometidos a tortura psicológica, que finalmente se utilizaron contra enemigos de los Estados Unidos. MK-Ultra se enfocó en probar un medicamento que podría administrarse para obtener información, plantar pensamientos sugestivos, desacreditar a las personas y otras formas de control mental. El fármaco de elección fue el LSD, pero antes se usaron otras sustancias. Hubo otros ensayos que se centraron en identificar personalidades demostraron ser una forma más fácil de manipulación, y las personas eran más propensas al control mental inducido por drogas.

Mantén tu Cabeza

El lavado de cerebro se conoce regularmente como un pensamiento de reforma y cae en la instancia de "influencia social". Esto sucede cada minuto de cada día y es una colección de métodos utilizados para cambiar los pensamientos, acciones y creencias de las personas. La persuasión difiere en esto ya que su objetivo es cambiar de altitud. Utiliza el método de educación, que también se conoce como el "método de propaganda", cuando un individuo no cree en las enseñanzas y trata de influir socialmente tratando de cambiar las creencias de un individuo. Estas son formas severas de influencia social, y si se combinan, el enfoque puede hacer que un individuo cambie su forma de pensar sin aceptarlo. Requiere un aislamiento completo y que la víctima sea altamente dependiente porque es muy intrusiva. Es por eso que generalmente ocurre dentro de cultos y campos de prisioneros. Se debe ejercer un control total sobre la víctima para poder controlar cosas como sus patrones de sueño, horarios de alimentación, hábitos de baño y otras necesidades humanas básicas para crear dependencia en el lavado de cerebro. La víctima se descompone sistemáticamente durante este proceso y es empujada a un punto donde la víctima ya no tiene una identidad funcional. Aquí es donde el lavado cerebral puede comenzar a condicionar a la víctima para que reemplace su actitud, acciones, creencias y pensamientos para adaptarse al entorno actual.

El lavado de cerebro es posible bajo las circunstancias correctas, y hay algunos que lo ven como poco probable o como una forma de influencia menos severa que la que se muestra en las redes sociales. Algunos piensan que requiere amenazas o daños físicos para ser considerado lavado de cerebro y bajo esto, la mayoría de los cultos extremistas no practican el lavado de cerebro en su forma verdadera porque no abusan físicamente de los recién llegados. Confiar en la compulsión no física como un medio efectivo para lograr que un individuo se conforme, cae bajo otras definiciones de la misma. Hay muchas definiciones diferentes; Sin embargo, los expertos creen que si las condiciones son ideales, los efectos del lavado de cerebro son en su mayoría a corto plazo, y la víctima recupera su antigua identidad, o se esconde hasta que la nueva identidad ya no se aplica. La pregunta con respecto al adoctrinamiento es si los resultados serán similares cuando se usan en diferentes culturas y la variedad de tipos de personalidad, o solo se adhiere a las víctimas que son altamente susceptibles a la influencia.

Los pasos utilizados para crear el ambiente ideal para lavar el cerebro de una víctima se pueden usar con éxito, comenzando por atacar su identidad y hacerles sentir que están equivocados y que necesitan mejorar. Además, crear culpa y hacerlos sentir culpables por cosas sobre las que ni siquiera tienen control. Esto hará que se traicionen, abriéndolos y empujándolos hacia su punto de ruptura. Cuando se alcanza el punto de ruptura, se vuelven más indulgentes con los cambios que se sugieren, y es más fácil empujarlos en la dirección que desea que vayan. Se sentirán obligados a confesar, cosas que creen que quieren lograr y sus defectos.

La canalización de la culpa puede mantener a una persona en línea y mantenerla en el camino deseado que los llevará a sentir que han llegado a un lugar donde esta culpa puede ser liberada. Comienzan a sentir armonía y progresar hacia su "nuevo yo" a medida que avanzan hacia la conformidad. Finalmente, confiesan su nueva identidad y pasan por un proceso de renacimiento, donde emergen como un individuo que se ha conformado con una nueva forma de pensar y con nuevas creencias y comportamientos. Esto es sin el consentimiento de la víctima; sin embargo, la víctima no es consciente de esto e incluso podría negarlo si alguien de un antiguo grupo social pudiera señalarlo. El lavado de cerebro es una poderosa herramienta de influencia y puede usarse como un medio de lucro. Las víctimas no se dan cuenta de que lentamente se está infiltrando en sus mentes y cambiando aspectos de sí mismas para ajustarse a una nueva norma. Esto es lo que hace que sea difícil sacudirse o "salir".

Conclusión

La psicología oscura funciona según el principio de que era parte de la psique humana antes de que la evolución nos llevara a donde estamos ahora. Continúa con los fundamentos de los impulsos primarios que nosotros, como humanos, hemos experimentado, muy similar al de otras especies de animales depredadores. La supervivencia del más apto, por así decirlo. Como nuestras acciones están orientadas al objetivo en un 99.99% y dentro de una lógica razonable, el 0.01% del comportamiento humano es sin propósito, y esto es lo que trae el Factor Oscuro. Incluso si el comportamiento de un individuo es malicioso, es muy probable que se esté haciendo para lograr un objetivo. Lo mismo puede decirse cuando se practican acciones de bondad. El pequeño porcentaje que se promulga sin propósito es lo que coloca a alguien dentro del Continuo Oscuro y lo mueve perpetuamente hacia la Singularidad Oscura. Es más común que un individuo experimente momentos fugaces de estos pensamientos oscuros, y ven vislumbrar a su Personalidad Oscura. Aún así, muy pocos actúan sobre estos impulsos y tienden a olvidar que sucedió en ese caso.

Todos poseemos la oscuridad de la Psicología Oscura, y todos tenemos la capacidad de actuar en consecuencia. Aunque la mayoría no actúa sobre sus pensamientos violentos, nadie puede evitar tenerlos, incluso si se considera la persona más benevolente con vida. Al final del día, aceptar esto como parte de ti mismo puede ayudarte a crecer, y darte cuenta de que esto es parte de la naturaleza humana puede crear una mayor comprensión de tus semejantes. Las habilidades para combatir estas emociones oscuras ahora se pueden utilizar en su repertorio y ayudarlo a proteger también a sus seres queridos. No podrá utilizar estas tácticas en su vida para mejorar su situación y así mismo, ya sea personal o profesionalmente. Permitirte estar al tanto de los temas cubiertos en este libro, te da el poder de tomar el control y dirigirte en una dirección más deseable. También le permite ver posibles dificultades, y si usted es el depredador, le da un punto de apoyo para tomar y corregir los efectos dañinos de su comportamiento.

Al eliminar las diferentes formas de lidiar con la Psicología Oscura y los depredadores individuales que existen dentro de ellos, debería ser evidente para usted lo similares que son entre sí y lo fácil que es extrañarlos. Recuerde, la práctica hace la perfección, y es poco probable que alguna de las habilidades mencionadas se domine en el primer intento. Asegúrese de seguir adelante y tomar los pasos necesarios al ejercer estas tácticas para recibir resultados óptimos. Esté atento cuando intente detectar a alguien más usando estas tácticas y asegúrese de evitar a los individuos depredadores que parecen estar adentrándose en la Singularidad Oscura. Tenga cuidado de no ser víctima, y siempre sea fiel a su ser auténtico.

¡Si disfrutaste este libro, de todos modos una revisión honesta siempre es apreciada!

9 781800 762398